화엄경 제43권(10정품 제27-4) 해설

화엄경 제43권에서는 보살마하살의 『무애륜삼매』(pp.1~45)와 『보현행염염입백억불가설삼매』에 대하여 설하고, 마지막 이러한 위대한 삼매를 얻어 부처님의 행을 얻은 보현보살에 대하여 어찌하여 부처라 부르지 않는지 그 이유를 보안보살이 보현보살께 물어 답변을 들었다.(pp.95~118)

먼저 『무애륜삼매』에 들면 신·구·의 3업에 걸림이 없고, 모든 것은 전체적(總)으로 그리고 부분적(別)으로 볼 수 있는 지혜를 얻는 것이 마니보주가 모든 사람의 빛을 따라 달리 나타내는 것과 같다(pp.1~10) 하고, 온갖 세계가 하나의 연꽃 위에 건립된 것을 알 수 있다(pp.11~20) 하였다. 그리고 보살이 이 삼매에 머물면 갖가지 변화속에서도 물들지 않고 집착하지 않는다는 것을 자성청정과 보리심, 적정행, 요익행, 무분별심을 들어 설명하였다.(pp.11~45)

그리고 능수능난한 보현보살의 행에 대하여 46-94p까지 설하고, 보살을 부처라 부르지 않는 것은 마치 이라발나상왕이 7보영락을 마음대로 수용하듯 보살도 7각지행을 통해 부처님 행을 대행하고 있기 때문이라 하였다.

十定品 第二十七之四

佛子云何爲菩薩摩訶薩無礙輪三昧佛子菩薩摩訶薩入此三昧時住無礙身業無礙語業無礙意業住無礙佛國土得無礙成就衆生智獲無礙調伏衆生智放無礙

사경의 공덕은 십만억 부처님께 공양한 것과 같은 공덕이 있습니다.

近근	行행	佛불	力력	得득	廣광	光광
無무	如여	所소	普보	菩보	大대	明명
量량	來래	淨정	住주	薩살	變변	現현
諸제	行행	現현	諸제	無무	化화	無무
佛불	住주	佛불	佛불	礙애	轉전	礙애
作작	如여	神신	智지	自자	無무	光광
諸제	來래	通통	作작	在재	礙애	明명
佛불	道도	令영	佛불	普보	清청	網망
事사	常상	佛불	所소	入입	淨정	示시
紹소	得득	歡환	作작	諸제	法법	無무
諸제	親친	喜희	淨정	佛불	輪륜	礙애

사경의 공덕은 십만억 부처님께 공양한 것과 같은 공덕이 있습니다.

智지	切체	示시	別별	昧매		佛불
於어	智지	一일	觀관	已이	佛불	種종
普보	總총	切체	一일	觀관	子자	
賢현	見견	智지	切체	一일	菩보	
菩보	一일	攀반	智지	切체	薩살	
薩살	切체	緣연	隨수	智지	摩마	
廣광	智지	一일	順순	總총	訶하	
大대	別별	切체	一일	觀관	薩살	
願원	見견	智지	切체	一일	住주	
廣광	一일	見견	智지	切체	此차	
大대	切체	一일	顯현	智지	三삼	

사경의 공덕은 십만억 부처님께 공양한 것과 같은 공덕이 있습니다.

成 성	故 고	散 산	不 불	護 호	入 입	心 심
就 취	此 차	無 무	退 퇴	念 념	廣 광	廣 광
大 대	菩 보	亂 란	無 무	廣 광	大 대	大 대
願 원	薩 살	常 상	休 휴	大 대	光 광	行 행
發 발	摩 마	增 증	無 무	變 변	明 명	廣 광
行 행	訶 하	進 진	替 체	化 화	廣 광	大 대
大 대	薩 살	恒 항	無 무	廣 광	大 대	所 소
乘 승	於 어	相 상	倦 권	大 대	出 출	趣 취
入 입	諸 제	續 속	無 무	道 도	現 현	廣 광
於 어	法 법	何 하	捨 사	不 부	廣 광	大 대
佛 불	中 중	以 이	無 무	斷 단	大 대	所 소

사경의 공덕은 십만억 부처님께 공양한 것과 같은 공덕이 있습니다.

變	衆	今	善	得	菩	法
異	生	一	能	善	薩	大
法	恒	切	護	巧	所	方
	起	諸	念	具	行	便
	大	佛	一	足	之	海
	悲	之	切	菩	行	以
	成	所	衆	薩	智	勝
	就	護	生	神	慧	願
	如	念	如	通	明	力
	來	於	去	變	照	於
	不	諸	來	化	皆	諸

大方廣佛華嚴經

訶(하) 於(어) 觀(관) 復(부) 色(색) 置(치)
薩(살) 菩(보) 一(일) 如(여) 不(불) 色(색) 佛(불)
發(발) 薩(살) 切(체) 是(시) 捨(사) 衣(의) 子(자)
大(대) 諸(제) 智(지) 成(성) 自(자) 中(중) 譬(비)
誓(서) 行(행) 普(보) 就(취) 性(성) 其(기) 如(여)
願(원) 何(하) 皆(개) 智(지) 菩(보) 摩(마) 有(유)
利(이) 以(이) 明(명) 慧(혜) 薩(살) 尼(니) 人(인)
益(익) 故(고) 現(현) 以(이) 摩(마) 寶(보) 以(이)
一(일) 菩(보) 然(연) 爲(위) 訶(하) 雖(수) 摩(마)
切(체) 薩(살) 不(불) 心(심) 薩(살) 同(동) 尼(니)
衆(중) 摩(마) 捨(사) 寶(보) 亦(역) 衣(의) 寶(보)

사경의 공덕은 십만억 부처님께 공양한 것과 같은 공덕이 있습니다.

生度脫一切衆生　承事一切諸佛　嚴淨一切世界　安慰衆生　深入法海　爲淨衆生界　現大自在　給施衆生　普照世間　入於無邊幻化法門　不退不轉　無疲無厭　佛子譬如虛空　持衆

사경의 공덕은 십만억 부처님께 공양한 것과 같은 공덕이 있습니다.

	度도	訶하	虛허	無무	羸리	世세
佛불	一일	薩살	空공	有유	無무	界계
子자	切체	亦역	自자	差차	朽후	若약
譬비	衆중	復부	性성	別별	無무	成성
如여	生생	如여	法법	不불	散산	若약
涅열	心심	是시	應응	捨사	無무	住주
槃반	無무	立입	爾이	自자	壞괴	無무
去거	厭염	無무	故고	性성	無무	厭염
來래	倦권	量량	菩보	何하	變변	無무
現현		大대	薩살	以이	無무	倦권
在재		願원	摩마	故고	異이	無무

사경의 공덕은 십만억 부처님께 공양한 것과 같은 공덕이 있습니다.

大方廣佛華嚴經 8

之지	離리	爲위	厭염	淨정	倦권	無무
心심	而이	欲욕	倦권	是시	何하	量량
	現현	度도	菩보	謂위	以이	衆중
	於어	脫탈	薩살	涅열	故고	生생
	世세	一일	摩마	槃반	一일	於어
	云운	切체	訶하	云운	切체	中중
	何하	衆중	薩살	何하	諸제	滅멸
	而이	生생	亦역	於어	法법	度도
	起기	皆개	復부	中중	本본	終종
	疲피	令령	如여	而이	性성	無무
	厭염	出출	是시	有유	淸청	厭염

사경의 공덕은 십만억 부처님께 공양한 것과 같은 공덕이 있습니다.

如 여	無 무	智 지	菩 보	家 가	未 미	
是 시	所 소	與 여	提 리	已 이	來 래	佛 불
其 기	着 착	法 법	終 종	現 현	現 현	子 자
心 심	故 고	界 계	無 무	當 당	在 재	如 여
平 평	菩 보	無 무	疲 피	生 생	一 일	薩 살
等 등	薩 살	二 이	厭 염	乃 내	切 체	婆 바
住 주	摩 마	故 고	何 하	至 지	菩 보	若 야
一 일	訶 하	於 어	以 이	令 령	薩 살	能 능
切 체	薩 살	一 일	故 고	成 성	於 어	令 령
智 지	亦 역	切 체	一 일	無 무	諸 제	過 과
云 운	復 부	法 법	切 체	上 상	佛 불	去 거

何而有疲厭之心　蓮華佛子此華廣大菩薩摩訶薩有一
不可而說其葉不可廣大盡十方際以復
香而爲說莊嚴其可寶不可寶
各示現種種衆寶清淨妙好
極善安住其華常放衆色光

十	生	來	一	鐸	障	明
십	생	래	일	탁	장	명
千	起	淸	切	徐	礙	普
천	기	청	체	서	애	보
阿	吉	淨	智	搖	眞	照
아	길	정	지	요	진	조
僧	祥	莊	法	出	金	十
승	상	장	법	출	금	시
祇	爲	嚴	此	微	爲	方
기	위	엄	차	미	위	방
淸	表	一	大	妙	網	一
청	표	일	대	묘	망	일
淨	神	切	蓮	音	彌	切
정	신	체	연	음	미	체
功	力	善	華	其	覆	世
공	력	선	화	기	부	세
德	所	根	具	音	其	界
덕	소	근	구	음	기	계
菩	現	之	足	演	上	無
보	현	지	족	연	상	무
薩	有	所	如	暢	寶	所
살	유	소	여	창	보	소

사경의 공덕은 십만억 부처님께 공양한 것과 같은 공덕이 있습니다.

跏百 　 所소 者자 世세 所소 妙묘
趺만 菩영 生생 無무 間간 流류 道도
坐좌 薩보 一일 不불 瞻첨 出출 之지
其기 摩나 切체 禮예 仰앙 十시 所소
身유 詞신 世세 敬경 猶유 方방 成성
大타 薩살 間간 從종 如여 佛불 就취
小 於불 不불 能능 佛불 影영 一일
與가 此모 可가 了료 塔탑 於어 切체
華설 華공 爲위 幻환 衆증 中중 智지
相불 上각 喻유 正정 生생 顯현 心심
稱찰 結출 　 法법 見견 現현 之지

色색	寶보	他타	明명	由유	身신	一일
相상	其기	不불	一일	他타	一일	切체
以이	寶보	可가	一일	不불	一일	諸제
爲위	皆개	說설	光광	可가	毛모	佛불
莊장	名명	佛불	明명	說설	孔공	神신
嚴엄	普보	刹찰	現현	佛불	各각	力력
無무	光광	微미	百백	刹찰	出출	所소
量량	明명	塵진	萬만	微미	百백	加가
功공	藏장	數수	億억	塵진	萬만	令령
德덕	種종	摩마	那나	數수	億억	菩보
之지	種종	尼니	由유	光광	那나	薩살

사경의 공덕은 십만억 부처님께 공양한 것과 같은 공덕이 있습니다.

所成就衆寶及華以爲羅網

彌覆其上無量百千億那由他

殊勝妙香無思議寶莊嚴蓋種種莊嚴

嚴覆其現不思議寶莊嚴現以蓋現百

覆其上一不摩尼寶說佛刹微

萬億那由他不可說佛剎微

塵數樓閣一一樓閣現百萬

사경의 공덕은 십만억 부처님께 공양한 것과 같은 공덕이 있습니다.

現	佛	明	說	子	數	億
현	불	명	설	자	수	억
百	刹	現	佛	座	蓮	那
백	찰	현	불	좌	연	나
萬	微	百	刹	現	華	由
만	미	백	찰	현	화	유
億	塵	萬	微	百	藏	他
억	진	만	미	백	장	타
那	數	億	塵	萬	師	不
나	수	억	진	만	사	불
由	色	那	數	億	子	可
유	색	나	수	억	자	가
他	相	由	光	那	之	說
타	상	유	광	나	지	설
不	一	他	明	由	座	佛
불	일	타	명	유	좌	불
可	不	一	他	一	刹
가	불	일	타	일	찰
說	色	可	一	不	一	微
설	색	가	일	불	일	미
佛	相	說	光	可	師	塵
불	상	설	광	가	사	진

사경의 공덕은 십만억 부처님께 공양한 것과 같은 공덕이 있습니다.

刹찰	輪륜	佛불	寶보	他타	一일	說설
微미	現현	刹찰	華화	不불	臺대	佛불
塵진	百백	微미	一일	可가	現현	刹찰
數수	萬만	塵진	一일	說설	百백	微미
光광	億억	數수	華화	佛불	萬만	塵진
明명	那나	毘비	現현	刹찰	億억	數수
輪륜	由유	盧로	百백	微미	那나	佛불
一일	他타	遮자	萬만	塵진	由유	一일
一일	不불	那나	億억	數수	他타	
光광	可가	摩마	那나	臺대	不불	佛불
明명	說설	尼니	由유	一일	可가	現현

사경의 공덕은 십만억 부처님께 공양한 것과 같은 공덕이 있습니다.

百	微	萬	塵	現	刹	在
백	미	만	진	현	찰	재
萬	塵	億	數	百	微	雨
만	진	억	수	백	미	우
億	數	那	衆	萬	塵	百
억	수	나	중	만	진	백
那	神	由	生	億	數	萬
나	신	유	생	억	수	만
由	變	他	衆	那	諸	億
유	변	타	중	나	제	억
他	一	不	一	由	佛	那
타	일	불	일	유	불	나
不	一	可	一	他	自	由
불	일	가	일	타	자	유
可	神	說	衆	不	在	他
가	신	설	중	불	재	타
說	變	佛	生	可	一	不
설	변	불	생	가	일	불
佛	淨	刹	衆	說	一	可
불	정	찰	중	설	일	가
刹	百	微	中	佛	自	說
찰	백	미	중	불	자	설

사경의 공덕은 십만억 부처님께 공양한 것과 같은 공덕이 있습니다.

刹찰	有유	佛불	羅라	刹찰	有유	佛불
微미	百백	刹찰	說설	微미	百백	刹찰
塵진	萬만	微미	百백	塵진	萬만	微미
數수	億억	塵진	萬만	數수	億억	塵진
金금	那나	數수	億억	修수	那나	數수
剛강	由유	法법	那나	多다	由유	佛불
智지	他타	門문	由유	羅라	他타	法법
所소	不불	一일	他타	一일	不불	一일
入입	可가	一일	不불	一일	可가	一일
法법	說설	法법	可가	修수	說설	佛불
輪륜	佛불	門문	說설	多다	佛불	法법

사경의 공덕은 십만억 부처님께 공양한 것과 같은 공덕이 있습니다.

大方廣佛華嚴經

佛子 菩薩摩訶薩住此三

法中 而得調伏

可說說佛剎微塵數

衆生 佛界有微百塵萬數億衆那生由他於佛不

說生佛剎微百塵萬數億衆那生由界他一不一

輪成熟百萬億那由他一不可

差別言辭各別演說由他一不可法

사경의 공덕은 십만억 부처님께 공양한 것과 같은 공덕이 있습니다.

入 입	甚 심	礙 애	淸 청		變 변	昧 매
不 불	深 심	際 제	淨 정	安 안	化 화	示 시
由 유	無 무	中 중	法 법	住 주	悉 실	現 현
他 타	底 저	無 무	界 계	無 무	知 지	如 여
悟 오	現 현	去 거	實 실	邊 변	如 여	是 시
心 심	量 량	無 무	相 상	不 불	幻 환	神 신
不 불	所 소	來 래	如 여	可 가	而 이	通 통
迷 미	得 득	非 비	來 래	說 설	不 불	境 경
亂 란	以 이	先 선	種 종	法 법	染 염	界 계
亦 역	智 지	非 비	性 성	自 자	着 착	無 무
無 무	自 자	後 후	無 무	性 성		量 량

사경의 공덕은 십만억 부처님께 공양한 것과 같은 공덕이 있습니다.

分別爲去諸佛今一切諸佛之知所稱讚從諸佛力之所流出

入於一切諸佛境界之體性如

實淨眼爲眼現證慧眼普見成就

佛眼爲眼明燈行於微妙法門

知境界廣能開示微妙法

成菩提心趣勝丈夫於諸

사경의 공덕은 십만억 부처님께 공양한 것과 같은 공덕이 있습니다.

衆 중	慧 혜	清 청	切 체	神 신	生 생	境 경
聖 성	廣 광	淨 정	無 무	通 통	諸 제	界 계
境 경	大 대	最 최	非 비	變 변	智 지	無 무
界 계	猶 유	極 극	善 선	化 화	離 리	有 유
信 신	如 여	微 미	巧 교	方 방	世 세	障 장
行 행	虛 허	妙 묘	功 공	便 편	生 생	礙 애
願 원	空 공	具 구	德 덕	調 조	法 법	入 입
力 력	善 선	足 족	解 해	伏 복	而 이	智 지
堅 견	能 능	圓 원	欲 욕	如 여	現 현	種 종
固 고	觀 관	滿 만	悉 실	是 시	受 수	性 성
不 부	察 찰	智 지	皆 개	一 일	生 생	出 출

사경의 공덕은 십만억 부처님께 공양한 것과 같은 공덕이 있습니다.

	普 보	者 자	猶 유	切 체	切 체	動 동
所 소	照 조	皆 개	如 여	智 지	佛 불	功 공
行 행	見 견	生 생	蓮 연	海 해	所 소	德 덕
寂 적	無 무	歡 환	華 화	集 집	觀 관	無 무
靜 정	量 량	喜 희	自 자	衆 중	之 지	盡 진
於 어	佛 불	咸 함	性 성	妙 묘	藏 장	世 세
諸 제	淨 정	得 득	清 청	寶 보	大 대	所 소
佛 불	一 일	利 이	淨 정	爲 위	菩 보	稱 칭
法 법	切 체	益 익	衆 중	大 대	提 리	歎 탄
究 구	法 법	智 지	生 생	智 지	處 처	於 어
竟 경		光 광	見 견	者 자	一 일	一 일

사경의 공덕은 십만억 부처님께 공양한 것과 같은 공덕이 있습니다.

大方廣佛華嚴經 24

無무	行행	難난	念념	爲위	德덕	無무
量량	廣광	思사	得득	菩보	行행	礙애
無무	大대	於어	佛불	薩살	中중	恒항
邊변	無무	境경	威위	首수	而이	以이
所소	相상	一일	神신	一일	得득	方방
證증	無무	緣연	成성	切체	出출	便편
菩보	礙애	而이	佛불	諸제	生생	住주
提리	等등	無무	法법	佛불	具구	佛불
猶유	于우	所소	身신	共공	菩보	菩보
如여	法법	緣연	念념	所소	薩살	提리
虛허	界계	其기	力력	護호	智지	功공

사경의 공덕은 십만억 부처님께 공양한 것과 같은 공덕이 있습니다.

善	生	住	量	智		空
巧	諸	菩	境	海	於	無
具	佛	薩	界	善	諸	有
微	菩	心	已	根	世	邊
妙	提	淨	善	所	間	際
行	於	菩	成	流	普	無
成	諸	薩	就	悉	作	所
堅	佛	種	清	能	饒	縛
固	法	能	淨	通	益	着
力	皆	隨	施	達	一	
一	得	順	法	無		切

사경의 공덕은 십만억 부처님께 공양한 것과 같은 공덕이 있습니다.

境경		樂락	廣광	法법	菩보	切체
界계	法법	欲욕	說설	雖수	薩살	諸제
不불	界계	解해	種종	復부	悉실	佛불
可가	爲위	悉실	種종	永영	知지	自자
窮궁	身신	使사	諸제	捨사	入입	在재
盡진	無무	調조	法법	一일	不불	威위
志지	有유	伏복	隨수	切체	二이	神신
常상	分분	咸함	諸제	諸제	門문	衆중
勇용	別별	令령	衆중	相상	住주	生생
猛맹	智지	歡환	生생	而이	無무	難난
心심	慧혜	喜희	心심	能능	相상	聞문

사경의 공덕은 십만억 부처님께 공양한 것과 같은 공덕이 있습니다.

諸 제	菩 보	明 명	諸 제	切 체	了 요	恒 항
善 선	薩 살	演 연	佛 불	法 법	一 일	平 평
根 근	所 소	去 거	國 국	安 안	切 체	等 등
永 영	住 주	來 래	土 토	住 주	劫 겁	見 견
離 리	之 지	今 금	顯 현	一 일	差 차	一 일
世 세	處 처	一 일	現 현	切 체	別 별	切 체
間 간	爲 위	切 체	一 일	刹 찰	次 차	佛 불
常 상	世 세	佛 불	切 체	嚴 엄	第 제	功 공
生 생	明 명	法 법	正 정	淨 정	開 개	德 덕
佛 불	燈 등	示 시	法 법	一 일	示 시	邊 변
所 소	生 생	諸 제	光 광	切 체	一 일	際 제

사경의 공덕은 십만억 부처님께 공양한 것과 같은 공덕이 있습니다.

得佛之有住說際
佛皆數志增亦輪
智共從求上爲於
慧攝諸皆意開一
明受善無隨示切
了已友不所聞法
第入而果聽法心
一未得具聞善無
一來出大咸根障
切諸生威能住礙
諸佛所德善實不

無	來	了	切	慧		捨
邊	無	知	佛	明	於	諸
雖	有	一	法	滅	一	行
隨	動	切	不	諸	切	離
世	作	諸	壞	癡	法	諸
俗	身	有	諸	闇	心	分
演	語	境	有	悉	無	別
說	意	界	而	能	動	
種	業	從	生	明	念	
種	皆	本	其	照	得	
無	悉	已	中	一	智	

사경의 공덕은 십만억 부처님께 공양한 것과 같은 공덕이 있습니다.

門 문	深 심	法 법	切 체	名 명	深 심	量 량
生 생	入 입	界 계	法 법	於 어	入 입	文 문
一 일	法 법	生 생	空 공	諸 제	佛 불	字 자
切 체	界 계	猶 유	無 무	境 경	海 해	而 이
智 지	隨 수	如 여	所 소	界 계	知 지	恒 항
觀 관	順 순	虛 허	有 유	無 무	一 일	不 불
十 십	演 연	空 공	所 소	繫 계	切 체	壞 괴
力 력	說 설	無 무	修 수	無 무	法 법	離 리
地 지	於 어	相 상	諸 제	着 착	但 단	文 문
以 이	一 일	無 무	行 행	了 요	有 유	字 자
智 지	境 경	形 형	從 종	一 일	假 가	法 법

사경의 공덕은 십만억 부처님께 공양한 것과 같은 공덕이 있습니다.

修學智慧 智眼見法 橋梁 至 薩婆若 諸地 明 以

智知種種義 一一法門 悉得

了佛所有大願 靡不法門成就此開

示一切 如來無差別性 此是

無礙方便之門 此能出生菩

사경의 공덕은 십만억 부처님께 공양한 것과 같은 공덕이 있습니다.

薩	此	顯	諸	能	一	得
살	차	현	제	능	일	득
衆	能	諸	刹	住	切	雖
중	능	제	찰	주	체	수
會	勇	三	此	於	佛	一
회	용	삼	차	어	불	일
此	進	昧	能	無	法	切
차	진	매	능	무	법	체
法	入	門	調	衆	此	時
법	입	문	조	중	차	시
唯	薩	此	伏	生	於	演
유	살	차	복	생	어	연
是	婆	能	一	際	境	說
시	바	능	일	제	경	설
三	若	無	切	此	界	開
삼	야	무	체	차	계	개
昧	此	礙	衆	能	皆	示
매	차	애	중	능	개	시
境	能	普	生	開	無	而
경	능	보	생	개	무	이
界	開	入	此	示	所	恒
계	개	입	차	시	소	항

사경의 공덕은 십만억 부처님께 공양한 것과 같은 공덕이 있습니다.

知지	受수	說설	示시	雖수	無무	遠원
無무	雖수	諸제	一일	知지	所소	離리
行행	知지	色색	切체	諸제	作작	妄망
而이	無무	雖수	諸제	佛불	而이	想상
演연	想상	知지	佛불	無무	能능	分분
說설	而이	無무	雖수	有유	示시	別별
諸제	演연	受수	知지	二이	現현	雖수
行행	說설	而이	無무	相상	一일	知지
雖수	諸제	演연	色색	而이	切체	諸제
知지	想상	說설	而이	能능	作작	法법
無무	雖수	諸제	演연	顯현	業업	皆개

사경의 공덕은 십만억 부처님께 공양한 것과 같은 공덕이 있습니다.

之지	法법	而이	差차	法법	示시	識식
相상	無무	說설	別별	輪륜	一일	而이
雖수	麤추	一일	門문	雖수	切체	演연
知지	無무	切체	雖수	知지	雖수	說설
諸제	細세	生생	知지	法법	知지	諸제
法법	而이	滅멸	諸제	無무	法법	識식
無무	說설	之지	法법	差차	無무	恒항
上상	諸제	相상	無무	別별	生생	以이
中중	法법	雖수	有유	而이	而이	法법
下하	麤추	知지	生생	說설	常상	輪륜
而이	細세	諸제	滅멸	諸제	轉전	開개

사경의 공덕은 십만억 부처님께 공양한 것과 같은 공덕이 있습니다.

離雖可一辭不能
眞知了切雖可宣
實諸知內知言說
之法而外諸說最
道無說諸法而上
雖有種法無能之
知眞種雖內演法
諸實智知無說雖
法而慧諸外清知
法而不說而淨諸
畢說察法言言法
竟出

사경의 공덕은 십만억 부처님께 공양한 것과 같은 공덕이 있습니다.

輪	善	諸	師	自	知	無
륜	선	제	사	자	지	무
雖	知	法	而	他	諸	盡
수	지	법	이	타	제	진
知	識	不	常	差	法	而
지	식	불	상	차	법	이
法	雖	由	尊	別	無	能
법	수	유	존	별	무	능
無	知	他	敬	雖	違	演
무	지	타	경	수	위	연
起	法	悟	一	知	無	說
기	법	오	일	지	무	설
而	無	而	切	諸	諍	盡
이	무	이	체	제	쟁	진
示	轉	常	師	法	然	諸
시	전	상	사	법	연	제
諸	而	尊	長	畢	亦	有
제	이	존	장	필	역	유
因	轉	敬	雖	竟	不	漏
인	전	경	수	경	불	루
緣	法	諸	知	無	無	雖
연	법	제	지	무	무	수

사경의 공덕은 십만억 부처님께 공양한 것과 같은 공덕이 있습니다.

雖	過	廣	際	有	法	知
수	과	광	제	유	법	지
知	去	說	而	作	無	諸
지	거	설	이	작	무	제
諸	雖	未	廣	者	有	法
제	수	미	광	자	유	법
法	知	來	說	而	因	無
법	지	래	설	이	인	무
無	諸	雖	現	說	緣	有
무	제	수	현	설	연	유
有	法	知	在	諸	而	等
유	법	지	재	제	이	등
前	無	諸	雖	作	說	比
전	무	제	수	작	설	비
際	有	法	知	業	諸	而
제	유	법	지	업	제	이
而	後	無	諸	雖	集	說
이	후	무	제	수	집	설
廣	際	有	法	知	因	平
광	제	유	법	지	인	평
說	而	中	無	諸	雖	等
설	이	중	무	제	수	등

不_불	說_설	諸_제	而_이	說_설	而_이	無_무
平_평	而_이	法_법	得_득	法_법	能_능	色_색
等_등	決_결	無_무	出_출	身_신	演_연	而_이
道_도	定_정	有_유	離_리	雖_수	說_설	現_현
雖_수	說_설	所_소	雖_수	知_지	唯_유	種_종
知_지	三_삼	依_의	知_지	三_삼	有_유	種_종
諸_제	世_세	而_이	法_법	世_세	一_일	色_색
法_법	之_지	說_설	無_무	諸_제	佛_불	雖_수
無_무	法_법	依_의	身_신	佛_불	雖_수	知_지
有_유	雖_수	善_선	而_이	無_무	知_지	法_법
言_언	知_지	法_법	廣_광	邊_변	法_법	無_무

사경의 공덕은 십만억 부처님께 공양한 것과 같은 공덕이 있습니다.

諸	離	種	知	境	而	見
法	而	種	諸	界	說	而
本	說	差	法	而	種	廣
來	清	別	無	廣	種	說
常	淨	雖	有	宣	相	諸
住	諸	知	差	說	雖	見
而	出	諸	別	智	知	雖
說	離	法	而	慧	諸	知
一	行	無	說	境	法	法
切	雖	有	行	界	無	無
諸	知	出	果	雖	有	相

積法一大　而流
集則切威佛恒轉
則能佛德子廣法
能成法三菩說雖
清就則昧薩照知
淨則能智摩明諸
則能趣輪訶之法
能圓入則薩法無
安滿一能入　有
住則切證如　照
則能佛得是　明

사경의 공덕은 십만억 부처님께 공양한 것과 같은 공덕이 있습니다.

證증	若약	若약	若약	有유	而이	能능
入입	干간	干간	干간	若약	此차	了료
若약	智지	化화	菩보	干간	菩보	達달
干간	成성	究구	薩살	諸제	薩살	與여
趣취	就취	竟경	究구	菩보	摩마	一일
向향	若약	若약	竟경	薩살	訶하	切체
若약	干간	干간	若약	若약	薩살	法법
干간	思사	神신	干간	干간	不부	自자
境경	惟유	通통	幻환	菩보	作작	性성
界계	若약	成성	究구	薩살	是시	相상
何하	干간	就취	竟경	法법	念념	應응

사경의 공덕은 십만억 부처님께 공양한 것과 같은 공덕이 있습니다.

以故菩薩三昧如是體性如是深昧如
是無邊境界如是種種殊勝威力故此種種三昧
種種不可說智門離深昧如
是入所謂入莊嚴入不可說無邊殊勝波離
羅蜜入無數禪定入百千億
那由他不可說廣大智入見

海해	羅라	入입	心심	諸제	休휴	無무
入입	延연	積적	無무	根근	息식	邊변
起기	妙묘	集집	礙애	猛맹	入입	佛불
無무	智지	普보	入입	利리	淸청	勝승
量량	身신	賢현	見견	大대	淨정	妙묘
種종	入입	勝승	一일	神신	信신	藏장
自자	說설	志지	切체	通통	解해	入입
在재	如여	行행	佛불	入입	助조	於어
神신	來래	入입	平평	於어	道도	境경
變변	智지	住주	等등	境경	法법	界계
入입	慧혜	那나	眼안	界계	入입	不불

사경의 공덕은 십만억 부처님께 공양한 것과 같은 공덕이 있습니다.

切체	界계	界계	智지	薩살	切체	生생
自자	入입	入입	入입	自자	佛불	一일
在재	一일	普보	普보	在재	現현	切체
邊변	切체	現현	知지	智지	前전	佛불
際제	殊수	法법	法법	入입	境경	無무
入입	勝승	界계	界계	開개	界계	盡진
一일	智지	一일	一일	示시	入입	智지
切체	光광	切체	切체	無무	淨정	門문
辯변	明명	微미	微미	比비	普보	入입
才재	入입	細세	細세	普보	賢현	住주
法법	一일	境경	境경	門문	菩보	一일

사경의 공덕은 십만억 부처님께 공양한 것과 같은 공덕이 있습니다.

門際入徧法界智慧身入成

就一切切處徧行道入善住佛

心差別三昧入知一切諸佛

賢行佛子念此菩薩摩訶薩住

昧然不見普賢菩薩三昧及三

賢百億不可說三普

佛불	一일	佛불	不부	未미	徧변	境경
境경	切체	刹찰	思사	來래	法법	界계
界계	法법	無무	議의	無무	界계	不불
莊장	究구	邊변	故고	窮궁	無무	可가
嚴엄	竟경	故고	知지	故고	邊변	思사
前전	無무	知지	前전	知지	故고	議의
際제	盡진	一일	際제	現현	知지	故고
何하	故고	切체	無무	在재	一일	知지
以이	知지	衆중	始시	盡진	切체	一일
故고	一일	生생	故고	虛허	諸제	切체
知지	切체	界계	知지	空공	佛불	菩보

사경의 공덕은 십만억 부처님께 공양한 것과 같은 공덕이 있습니다.

摩 마	足 족	一 일		知 지	才 재	薩 살
訶 하	而 이	切 체	佛 불	一 일	所 소	行 행
薩 살	珠 주	皆 개	子 자	切 체	說 설	無 무
亦 역	勢 세	得 득	如 여	幻 환	境 경	數 수
復 부	力 력	求 구	如 여	心 심	界 계	故 고
如 여	終 종	者 자	意 의	所 소	不 불	知 지
是 시	不 불	無 무	珠 주	緣 연	可 가	一 일
入 입	匱 궤	盡 진	隨 수	法 법	說 설	切 체
此 차	止 지	意 의	有 유	無 무	無 무	諸 제
三 삼	菩 보	皆 개	所 소	量 량	邊 변	佛 불
昧 매	薩 살	滿 만	求 구	故 고	故 고	辯 변

사경의 공덕은 십만억 부처님께 공양한 것과 같은 공덕이 있습니다.

及以當生無有邊際無斷無
如凡夫各別生心已現生
猶如影像無增減故佛子
礙行智觀察無量廣大幻
故菩薩摩訶薩成就普賢
界周徧無盡不匱不息無以
知心如幻出生一切諸法

無生譬境無以境

사경의 공덕은 십만억 부처님께 공양한 것과 같은 공덕이 있습니다.

盡	思	入	不	菩		那
진	사	입	불	보		나
其	議	此	可	薩	佛	斯
기	의	차	가	살	불	사
心	菩	普	測	普	子	龍
심	보	보	측	보	자	용
流	薩	幻	量	幻	譬	王
유	살	환	량	환	비	왕
轉	摩	門	何	門	如	及
전	마	문	하	문	여	급
相	訶	三	以	無	難	餘
상	하	삼	이	무	난	여
續	薩	昧	故	量	陀	大
속	살	매	고	량	타	대
不	亦	無	了	法	跋	龍
부	역	무	요	법	발	용
絶	復	有	達	故	難	降
절	부	유	달	고	난	강
不	如	邊	普		陀	雨
불	여	변	보		타	우
可	是	際	賢		摩	之
가	시	제	현		마	지

사경의 공덕은 십만억 부처님께 공양한 것과 같은 공덕이 있습니다.

時시	是시	作작	是시	三삼	往왕	神신
滴적	雨우	境경	住주	昧매	諸제	變변
如여	雨우	界계	此차	門문	方방	門문
車거	終종	菩보	三삼	智지	門문	神신
軸축	不부	薩살	昧매	門문	心심	通통
無무	盡진	摩마	入입	法법	自자	門문
有유	此차	訶하	普보	門문	在재	幻환
邊변	是시	薩살	賢현	見견	門문	化화
際제	諸제	亦역	菩보	諸제	加가	門문
雖수	龍용	復부	薩살	佛불	持지	諸제
如여	無무	如여	諸제	門문	門문	法법

사경의 공덕은 십만억 부처님께 공양한 것과 같은 공덕이 있습니다.

有體性無體性世界門
大佛刹門知不可說不可說
門知不可說不可說
入不可說不可說
說佛刹微塵數如來正覺
薩充滿門親近不可說不可說
如幻門不可說不可說諸菩

사경의 공덕은 십만억 부처님께 공양한 것과 같은 공덕이 있습니다.

窮盡不疲不 知如是時 諸佛刹入門於 知不可說不可 不可說不可說 可說不可可說時 可說不不可說說衆生

厭不斷不息無 無有邊際無有 一念中皆如實 可說世界覆住成壞門門 可說時劫差別 說衆生想門知不

사경의 공덕은 십만억 부처님께 공양한 것과 같은 공덕이 있습니다.

大方廣佛華嚴經

伏복	盡진	輪륜	世세	智지	恒항	退퇴
衆중	時시	以이	明명	常상	正정	無무
生생	示시	妙묘	燈등	無무	思사	失실
恒항	成성	辯변	轉전	退퇴	惟유	於어
無무	佛불	才재	不불	捨사	不불	諸제
廢폐	道도	諮자	可가	爲위	沈침	法법
捨사	無무	問문	說설	一일	不불	中중
常상	有유	如여	不불	切체	擧거	不부
勤근	邊변	來래	可가	佛불	求구	住주
修수	際제	無무	說설	刹찰	一일	非비
習습	調조	窮궁	法법	照조	切체	處처

사경의 공덕은 십만억 부처님께 공양한 것과 같은 공덕이 있습니다.

界	摩	緣		有	量	普
법	하	어		유	량	보
法	訶	於	何	斷	不	賢
법	하	어	하	단	불	현
界	薩	爾	以	絶	可	行
계	살	이	이	절	가	행
世	亦	所	故		說	願
세	역	소	고		설	원
界	復	時	譬		不	未
계	부	시	비		불	미
猶	如	火	如		可	曾
유	여	화	여		가	증
如	是	起	燃		說	休
여	시	기	연		설	휴
虛	觀	不	火		色	息
허	관	불	화		색	식
空	察	息	隨		相	示
공	찰	식	수		상	시
無	衆	菩	所		身	現
무	중	보	소		신	현
有	生	薩	有		無	無
유	생	살	유		무	무

사경의 공덕은 십만억 부처님께 공양한 것과 같은 공덕이 있습니다.

不불	爲위	不불	可가	佛불	不불	邊변
可가	道도	可가	說설	所소	可가	際제
說설	勤근	說설	一일	一일	說설	乃내
不불	修수	不불	切체	一일	不불	至지
可가	善선	可가	智지	佛불	可가	能능
說설	根근	說설	種종	所소	說설	於어
菩보	究구	衆중	種종	入입	佛불	一일
薩살	竟경	生생	差차	不불	刹찰	念념
於어	清청	界계	別별	可가	微미	之지
普보	淨정	出출	法법	說설	塵진	頃경
賢현	令영	家가	令영	不불	數수	往왕

사경의 공덕은 십만억 부처님께 공양한 것과 같은 공덕이 있습니다.

無무	界계	不불	住주	便편	住주	行행
量량	起기	可가	壞괴	入입	普보	願원
一일	於어	說설	廣광	不불	賢현	未미
切체	爾이	成성	大대	可가	智지	決결
衆중	所소	住주	差차	說설	慧혜	定정
生생	大대	壞괴	別별	不불	之지	者자
悉실	悲비	世세	劫겁	可가	門문	而이
使사	大대	間간	於어	說설	以이	得득
無무	願원	差차	不불	三삼	無무	決결
餘여	調조	別별	可가	世세	量량	定정
何하	伏복	境경	說설	成성	方방	安안

사경의 공덕은 십만억 부처님께 공양한 것과 같은 공덕이 있습니다.

如 여	廣 광	類 류		賢 현	脫 탈	以 이
是 시	大 대	如 여	是 시	智 지	一 일	故 고
普 보	如 여	是 시	故 고	滿 만	切 체	此 차
照 조	是 시	境 경	諸 제	足 족	衆 중	菩 보
明 명	無 무	界 계	菩 보	普 보	生 생	薩 살
如 여	量 량	如 여	薩 살	賢 현	修 수	摩 마
是 시	如 여	是 시	應 응	所 소	普 보	訶 하
一 일	是 시	威 위	於 어	有 유	賢 현	薩 살
切 체	不 부	德 덕	如 여	行 행	行 행	爲 위
諸 제	思 사	如 여	是 시	願 원	生 생	欲 욕
佛 불	議 의	是 시	種 종		普 보	度 도

사경의 공덕은 십만억 부처님께 공양한 것과 같은 공덕이 있습니다.

現	念	其	加	心	怯	不
현	념	기	가	심	겁	불
前	如	心	修	不	順	依
전	여	심	수	불	순	의
住	是	無	習	退	三	文
주	시	무	습	퇴	삼	문
如	成	礙	離	轉	昧	字
여	성	애	이	전	매	자
是	就	不	諸	立	境	不
시	취	부	제	입	경	불
一	往	動	熱	深	界	着
일	왕	동	열	심	계	착
切	昔	三	惱	志	入	世
체	석	삼	뇌	지	입	세
如	善	昧	無	樂	難	間
여	선	매	무	락	난	간
來	根	之	有	勇	思	不
래	근	지	유	용	사	불
所	如	中	疲	猛	智	取
소	여	중	피	맹	지	취
護	是	勤	厭	無	地	諸
호	시	근	염	무	지	제

사경의 공덕은 십만억 부처님께 공양한 것과 같은 공덕이 있습니다.

境경	中중	施시	智지	住주	分분	法법
界계	拔발	與여	悟오	不불	別별	不불
令영	出출	一일	解해	應응	境경	起기
不불	衆중	切체	佛불	稱칭	界계	分분
捨사	生생	衆중	菩보	量량	於어	別별
大대	令영	生생	提리	所소	諸제	不불
願원	其기	善선	成성	謂위	法법	染염
勤근	得득	根근	就취	親친	智지	着착
觀관	入입	於어	法법	近근	但단	世세
出출	佛불	魔마	光광	一일	應응	事사
道도	法법	界계	明명	切체	安안	不불

사경의 공덕은 십만억 부처님께 공양한 것과 같은 공덕이 있습니다.

自자	便편	世세	諸제	法법	佛불	增증
身신	應응	間간	法법	性성	深심	廣광
善선	常상	所소	性성	無무	生생	淨정
根근	精정	作작	普보	時시	信신	境경
鮮선	進진	示시	皆개	暫잠	解해	成성
少소	無무	其기	平평	捨사	常상	就취
應응	有유	如여	等등	應응	應응	諸제
勤근	休휴	法법	應응	知지	觀관	度도
增증	息식	智지	當당	自자	察찰	於어
長장	應응	慧혜	明명	身신	一일	一일
他타	觀관	方방	解해	與여	切체	切체

사경의 공덕은 십만억 부처님께 공양한 것과 같은 공덕이 있습니다.

大方廣佛華嚴經 61

行행	一일	念념	止지	近근	應응	諸제
如여	切체	應응	住주	諸제	勤근	善선
夢몽	心심	常상	應응	善선	增증	根근
應응	識식	安안	不불	知지	長장	應응
知지	如여	住주	分분	識식	菩보	自자
諸제	幻환	平평	別별	應응	薩살	修수
佛불	應응	等등	佛불	與여	境경	行행
願원	知지	法법	應응	同동	界계	一일
力력	世세	界계	不불	行행	應응	切체
出출	間간	應응	捨사	而이	樂락	智지
現현	諸제	知지	離리	共공	親친	道도

사경의 공덕은 십만억 부처님께 공양한 것과 같은 공덕이 있습니다.

疲피	性성	應응	知지	如여	業업	猶유
倦권	應응	知지	一일	響향	猶유	如여
應응	爲위	所소	切체	應응	如여	影영
爲위	請청	往왕	生생	觀관	變변	像상
開개	問문	一일	滅멸	諸제	化화	應응
悟오	如여	切체	之지	法법	應응	知지
一일	來래	佛불	法법	一일	知지	一일
切체	佛불	刹찰	皆개	切체	言언	切체
世세	法법	皆개	如여	如여	語어	諸제
間간	不불	無무	音음	幻환	悉실	廣광
勤근	生생	體체	聲성	應응	皆개	大대

사경의 공덕은 십만억 부처님께 공양한 것과 같은 공덕이 있습니다.

是 시	境 경	行 행		息 식	一 일	加 가
受 수	界 계	普 보	佛 불		切 체	教 교
持 지	如 여	賢 현	子 자		衆 중	誨 회
三 삼	是 시	之 지	菩 보		生 생	而 이
世 세	通 통	行 행	薩 살		知 지	不 불
佛 불	達 달	如 여	摩 마		時 시	捨 사
法 법	出 출	是 시	訶 하		說 설	離 리
如 여	離 리	圓 원	薩 살		法 법	應 응
是 시	之 지	滿 만	如 여		而 이	爲 위
觀 관	道 도	菩 보	是 시		不 불	調 조
察 찰	如 여	薩 살	修 수		休 휴	伏 복

사경의 공덕은 십만억 부처님께 공양한 것과 같은 공덕이 있습니다.

一切(일체)諸法(제법)을 信解(신해)하여 如(여)는 一切(일체) 智(지)의 明門(명문)이며 如(여)는 潔(결) 增上(증상)하며 思惟(사유)하여 志樂(지락)을 了知(요지)하며 如(여)는 是(시) 思惟(사유) 不變異(불변이)라 如是(여시) 大智慧(대지혜) 三昧(삼매)時(시)에 十方(시방)에 各(각)

薩摩訶薩(살마하살)이 入普賢菩薩(입보현보살) 所住(소주)

如是(여시) 攝受(섭수)하여 入一切(입일체) 普賢(보현) 衆生(중생)이 佛子(불자)여

廣大(광대)하여 力(력)을 如(여) 一切(일체) 決定(결정)하여 無所礙(무소애)하니 心(심)

信解(신해) 大(대) 一(일) 如來(여래) 增上(증상) 志(지) 樂(락) 知(지) 佛(불)

法(법)은 如是(여시) 智(지) 明(명) 潔(결) 如(여) 是(시) 思惟(사유) 不變異(불변이)

大方廣佛華嚴經

與여	來래	微미	號호	刹찰	國국	有유
一일	念념	塵진	各각	微미	土토	不불
切체	力력	數수	有유	塵진	各각	可가
法법	令령	諸제	不불	數수	有유	說설
究구	不불	佛불	可가	如여	不불	不불
竟경	忘망	而이	說설	來래	可가	可가
慧혜	失실	現현	不불	名명	說설	說설
令령	如여	其기	可가	號호	不불	國국
入입	來래	前전	說설	一일	可가	土토
一일	境경	與여	佛불	一일	說설	一일
切체	界계	如여	刹찰	名명	佛불	一일

사경의 공덕은 십만억 부처님께 공양한 것과 같은 공덕이 있습니다.

善 선	與 여	令 영	智 지	礙 애	慧 혜	智 지
巧 교	菩 보	得 득	開 개	與 여	令 영	與 여
方 방	薩 살	一 일	悟 오	無 무	受 수	知 지
便 편	不 불	切 체	法 법	上 상	持 지	一 일
調 조	退 퇴	法 법	界 계	佛 불	一 일	切 체
伏 복	智 지	光 광	與 여	菩 보	切 체	法 법
衆 중	令 영	明 명	提 리	佛 불	法 법	種 종
生 생	知 지	無 무	薩 살	令 영	法 법	種 종
與 여	時 시	諸 제	究 구	入 입	趣 취	義 의
無 무	非 비	黑 흑	竟 경	一 일	入 입	決 결
障 장	時 시	闇 암	慧 혜	切 체	無 무	定 정

사경의 공덕은 십만억 부처님께 공양한 것과 같은 공덕이 있습니다.

悟 오	可 가	與 여	邊 변	現 현	演 연	礙 애
衆 중	說 설	圓 원	色 색	不 불	說 설	菩 보
生 생	差 차	滿 만	相 상	可 가	無 무	薩 살
與 여	別 별	言 언	種 종	說 설	盡 진	辯 변
不 불	音 음	音 음	種 종	不 불	與 여	才 재
唐 당	聲 성	令 영	不 불	可 가	神 신	令 영
捐 연	種 종	現 현	同 동	說 설	通 통	悟 오
力 력	種 종	不 불	開 개	差 차	變 변	解 해
令 영	言 언	可 가	悟 오	別 별	化 화	無 무
一 일	辭 사	說 설	衆 중	身 신	力 력	邊 변
切 체	開 개	不 불	生 생	無 무	令 영	法 법

사경의 공덕은 십만억 부처님께 공양한 것과 같은 공덕이 있습니다.

生	神	離	足		悉	衆
具	通	道	普	佛	成	生
佛	變	滿	賢	子	就	若
威	化	一	行	菩	無	得
德	究	切	故	薩	空	見
淨	竟	智	得	摩	過	形
普	調	以	如	訶	者	若
賢	伏	無	來	薩		得
行	一	礙	力	如		聞
住	切	辯	淨	是		法
普	衆	才	出	滿		皆

사경의 공덕은 십만억 부처님께 공양한 것과 같은 공덕이 있습니다.

大方廣佛華嚴經

間간	一일	行행	成성	何하	切체	賢현
智지	切체	則즉	就취	以이	衆중	道도
月월	世세	爲위	如여	故고	生생	盡진
則즉	間간	一일	是시	佛불	轉전	未미
爲위	法법	切체	殊수	子자	一일	來래
一일	日일	世세	勝승	此차	切체	際제
切체	則즉	間간	大대	菩보	佛불	爲위
世세	爲위	法법	願원	薩살	微미	欲욕
間간	一일	師사	諸제	摩마	妙묘	調조
須수	切체	則즉	菩보	訶하	法법	伏복
彌미	世세	爲위	薩살	薩살	輪륜	一일

사경의 공덕은 십만억 부처님께 공양한 것과 같은 공덕이 있습니다.

等등	功공	示시	邊변	一일	爲위	山산
修수	德덕	無무	相상	切체	一일	王왕
習습	善선	邊변	續속	世세	切체	嶷억
普보	根근	淸청	不부	間간	世세	然연
賢현	順순	淨정	斷단	正정	間간	高고
廣광	一일	功공	爲위	法법	無무	出출
大대	切체	德덕	一일	明명	涯애	堅견
之지	智지	皆개	切체	燈등	智지	固고
行행	大대	令령	衆중	普보	海해	不부
常상	願원	安안	生생	照조	則즉	動동
能능	平평	住주	開개	無무	爲위	則즉

사경의 공덕은 십만억 부처님께 공양한 것과 같은 공덕이 있습니다.

通통	境경	住주	是시		可가	勸권
常상	界계	明명	智지	佛불	說설	發발
安안	現현	見견	證증	子자	廣광	無무
住주	如여	得득	如여	此차	大대	量량
大대	是시	如여	是시	菩보	行행	衆중
悲비	神신	是시	法법	薩살	三삼	生생
常상	變변	神신	於어	摩마	昧매	住주
利이	起기	力력	如여	訶하	現현	不불
益익	如여	住주	是시	薩살	大대	可가
衆중	是시	如여	法법	獲획	自자	說설
生생	神신	是시	審심	如여	在재	不불

사경의 공덕은 십만억 부처님께 공양한 것과 같은 공덕이 있습니다.

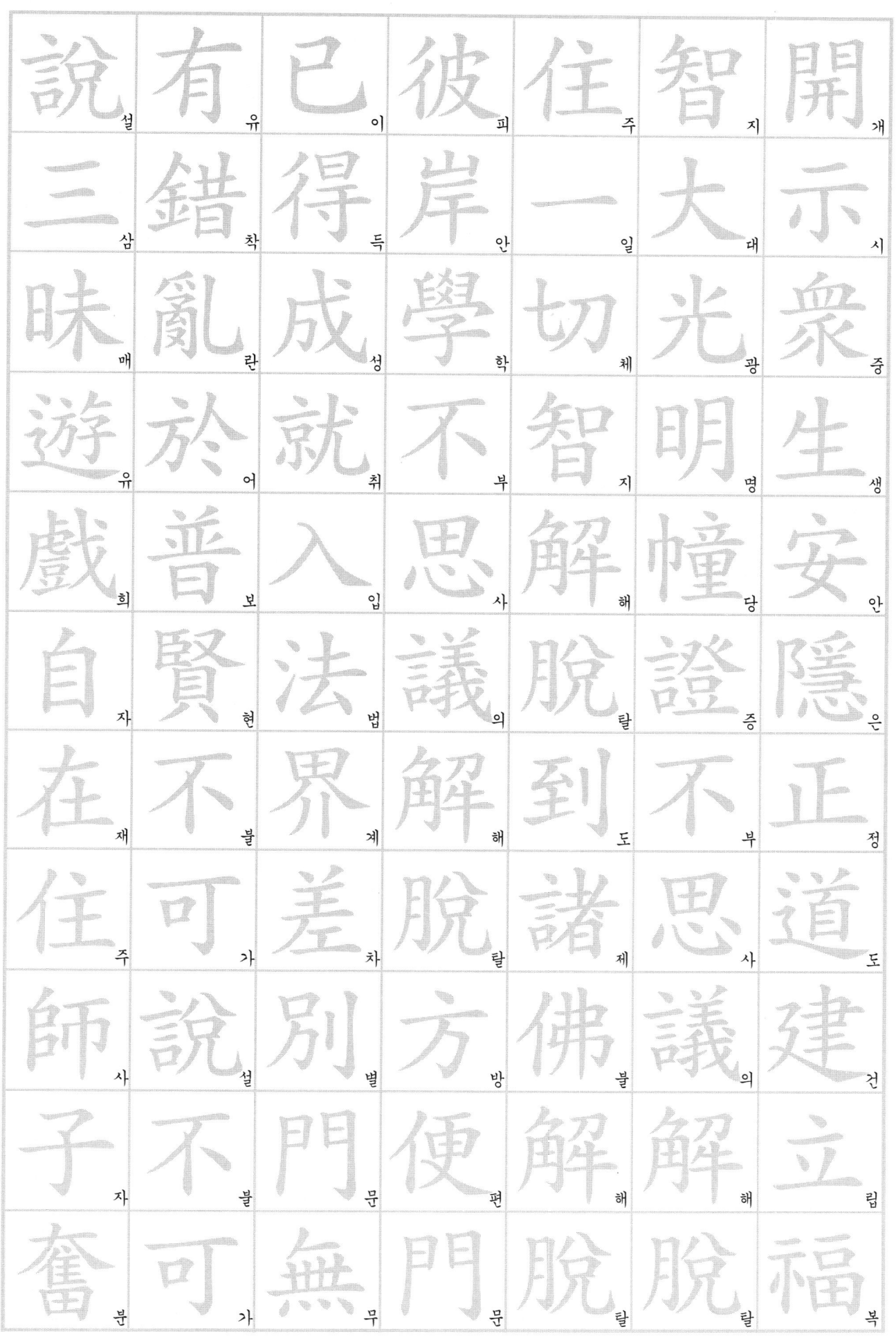

사경의 공덕은 십만억 부처님께 공양한 것과 같은 공덕이 있습니다.

來래	深심	示시	法법	念념	大대	迅신
現현	入입	現현	住주	一일	法법	智지
在재	諸제	不부	調조	切체	藏장	心심
一일	佛불	思사	伏복	諸제	何하	意의
切체	境경	議의	一일	佛불	者자	無무
佛불	界계	淸청	切체	住주	爲위	礙애
平평	決결	淨정	衆중	憶억	十십	其기
等등	定정	國국	生생	念념	所소	心심
相상	解해	土토	大대	一일	謂위	恒항
菩보	住주	智지	悲비	切체	住주	住주
提리	去거	住주	住주	佛불	憶억	十십

사경의 공덕은 십만억 부처님께 공양한 것과 같은 공덕이 있습니다.

法법	受수	導도	來래	等등	相상	住주
輪륜	生생	智지	法법	善선	性성	無무
般반	出출	住주	界계	根근	住주	礙애
涅열	家가	觀관	無무	住주	去거	無무
槃반	詣예	察찰	差차	去거	來래	着착
悉실	道도	三삼	別별	來래	現현	際제
入입	場량	世세	身신	現현	在재	住주
刹찰	成성	一일	語어	在재	一일	一일
那나	正정	切체	意의	一일	切체	切체
際제	覺각	諸제	業업	切체	佛불	法법
	轉전	佛불	先선	如여	平평	無무

사경의 공덕은 십만억 부처님께 공양한 것과 같은 공덕이 있습니다.

無量善根增長菩薩 淸淨法志力廣大開示 訶薩已到普賢諸行彼 智無能稱窮述佛子此 可無窮不盡難忍受一 量不可不可不稱不可 佛子此十大法藏廣大

一切衆生 一切世 證摩 菩薩 岸 彼 示 開 大 廣 淨 淸 無

사경의 공덕은 십만억 부처님께 공양한 것과 같은 공덕이 있습니다.

摩	調	際	諸	一	功	力
訶	伏	而	佛	切	德	於
薩	一	隨	所	佛	成	念
住	切	一	說	陀	就	念
此	衆	切	雖	羅	菩	頃
三	生	世	常	尼	薩	滿
昧	何	俗	安	法	一	足
法	以	言	住	受	切	菩
如	故	說	眞	持	諸	薩
是	菩	示	如	一	行	一
故	薩	現	實	切	得	切

明 명	菩 보	法 법	切 체	一 일	昧 매	
門 문	薩 살	得 득	世 세	切 체	得 득	佛 불
到 도	善 선	入 입	中 중	廣 광	一 일	子 자
安 안	巧 교	一 일	最 최	大 대	切 체	菩 보
慰 위	方 방	切 체	爲 위	法 법	佛 불	薩 살
一 일	便 편	三 삼	殊 수	自 자	廣 광	摩 마
切 체	得 득	昧 매	勝 승	在 재	大 대	訶 하
世 세	一 일	智 지	淸 청	辯 변	智 지	薩 살
間 간	切 체	得 득	淨 정	才 재	得 득	以 이
法 법	法 법	一 일	無 무	得 득	巧 교	此 차
彼 피	光 광	切 체	畏 외	一 일	說 설	三 삼

사경의 공덕은 십만억 부처님께 공양한 것과 같은 공덕이 있습니다.

行	何	衆	安	得	方	岸
행	하	중	안	득	방	안
則	以	生	住	勝	世	知
즉	이	생	주	승	세	지
利	故	淸	一	智	界	一
이	고	청	일	지	계	일
益	菩	淨	切	作	一	切
익	보	정	체	작	일	체
衆	薩	三	諸	一	切	衆
중	살	삼	제	일	체	중
生	摩	昧	功	切	處	生
생	마	매	공	체	처	생
則	訶	令	德	世	令	時
즉	하	영	덕	세	영	시
增	薩	入	開	間	一	非
증	살	입	개	간	일	비
長	如	最	示	無	切	時
장	여	최	시	무	체	시
大	是	上	一	上	衆	照
대	시	상	일	상	중	조
悲	修	智	切	師	生	十
비	수	지	체	사	생	시

사경의 공덕은 십만억 부처님께 공양한 것과 같은 공덕이 있습니다.

業업	於어	平평	一일	入입	則즉	則즉
住주	此차	等등	切체	一일	了료	親친
未미	法법	性성	法법	一일	一일	近근
足족	中중	則즉	平평	方방	切체	善선
心심	作작	住주	等등	則즉	法법	知지
住주	如여	一일	性성	入입	則즉	識식
不불	是시	切체	則즉	一일	詣예	則즉
散산	業업	智지	知지	切체	一일	見견
亂란	不부	平평	一일	世세	切체	一일
心심	作작	等등	切체	則즉	刹찰	切체
住주	餘여	性성	佛불	悟오	則즉	佛불

사경의 공덕은 십만억 부처님께 공양한 것과 같은 공덕이 있습니다.

壞괴		作작	訶하	作작	住주	專전
而이	何하		薩살	業업	不불	一일
得득	以이		無무	如여	變변	心심
其기	故고		異이	是시	異이	住주
名명	譬비		語어	究구	心심	勤근
終종	如여		異이	竟경	如여	修수
無무	金금		作작	佛불	是시	心심
有유	剛강		有유	子자	思사	住주
時시	以이		如여	菩보	惟유	決결
離리	不불		語어	薩살	如여	定정
於어	可가		如여	摩마	是시	心심

사경의 공덕은 십만억 부처님께 공양한 것과 같은 공덕이 있습니다.

有是於妙時以不
유 시 어 묘 시 이 불
時以妙色離諸壞
시 이 묘 색 리 제 괴
離諸色而諸行菩
리 제 색 이 제 행 보
諸善菩得行法薩
제 선 보 득 행 법 살
善業薩其法而摩
선 업 살 기 법 이 마
業而摩名譬得訶
업 이 마 명 비 득 하
譬得訶終如其薩
비 득 하 종 여 기 살
如其薩無眞名亦
여 기 살 무 진 명 역
日名亦有金終復
일 명 역 유 금 종 부
天終復時以無如
천 종 부 시 이 무 여
子無如離有有是
자 무 여 리 유 유 시

사경의 공덕은 십만억 부처님께 공양한 것과 같은 공덕이 있습니다.

大方廣佛華嚴經 82

以光明輪而得其名亦有
時復終如是以明輪而菩薩摩訶薩亦有
彌山王出而四寶峯於大海
終無如是以離智慧光而得其名亦有
迴然高出而得其名
時捨離四峯菩薩摩訶薩

사경의 공덕은 십만억 부처님께 공양한 것과 같은 공덕이 있습니다.

復如是以諸善根處在於世

有時捨離大悲譬如大海

是以度一切而摩訶薩名亦復如無

離能持而得菩薩名終無有時以持

一切而離得其名譬如其根

時捨然高出而得善根

迴形捨高出而得善根其名終無有持

사경의 공덕은 십만억 부처님께 공양한 것과 같은 공덕이 있습니다.

摩訶薩亦復如是以名終無慣有時捨離此法能能菩薩其名終無慣有時以不暫捨度諸衆生願譬得其軍將如是於水水大菩薩摩訶薩其名終無慣有時含衆水而得其摩訶薩亦復時

사경의 공덕은 십만억 부처님께 공양한 것과 같은 공덕이 있습니다.

大 대	訶 하	令 영	四 사	有 유		如 여
三 삼	薩 살	無 무	天 천	時 시	乃 내	是 시
昧 매	亦 역	橫 횡	下 하	捨 사	至 지	三 삼
常 상	復 부	死 사	常 상	離 리	成 성	昧 매
勤 근	如 여	恒 항	勤 근	此 차	就 취	而 이
化 화	是 시	受 수	守 수	行 행	一 일	得 득
度 도	入 입	快 쾌	護 호	如 여	切 체	其 기
一 일	如 여	樂 락	一 일	轉 전	智 지	名 명
切 체	是 시	菩 보	切 체	輪 륜	智 지	
衆 중	等 등	薩 살	衆 중	王 왕	終 종	
生 생	諸 제	摩 마	生 생	馭 어	無 무	

사경의 공덕은 십만억 부처님께 공양한 것과 같은 공덕이 있습니다.

切(체) 暑(서) 生(생) 修(수) 增(증) 子(자) 乃(내)
種(종) 月(월) 善(선) 普(보) 長(장) 植(식) 至(지)
子(자) 降(강) 法(법) 賢(현) 菩(보) 之(지) 令(령)
菩(보) 霪(주) 增(증) 行(행) 薩(살) 於(어) 其(기)
薩(살) 大(대) 長(장) 乃(내) 摩(마) 地(지) 究(구)
摩(마) 雨(우) 譬(비) 至(지) 訶(하) 乃(내) 竟(경)
訶(하) 乃(내) 如(여) 能(능) 薩(살) 至(지) 淸(청)
薩(살) 至(지) 大(대) 令(령) 亦(역) 能(능) 淨(정)
亦(역) 增(증) 雲(운) 一(일) 復(부) 令(령) 譬(비)
復(부) 長(장) 於(어) 切(체) 如(여) 莖(경) 如(여)
如(여) 一(일) 夏(하) 衆(중) 是(시) 葉(엽) 種(종)

사경의 공덕은 십만억 부처님께 공양한 것과 같은 공덕이 있습니다.

大方廣佛華嚴經 87

其 기	福 복	喜 희	究 구	切 체	薩 살	是 시
皆 개	田 전	究 구	竟 경	衆 중	行 행	入 입
住 주	令 영	竟 경	安 안	生 생	雨 우	如 여
不 불	其 기	斷 단	隱 은	究 구	大 대	是 시
退 퇴	施 시	疑 의	究 구	竟 경	法 법	等 등
轉 전	業 업	爲 위	竟 경	清 청	雨 우	諸 제
道 도	皆 개	諸 제	彼 피	淨 정	乃 내	大 대
令 영	得 득	衆 중	岸 안	究 구	至 지	三 삼
其 기	清 청	生 생	究 구	竟 경	能 능	昧 매
同 동	淨 정	究 구	竟 경	涅 열	令 영	修 수
得 득	令 영	竟 경	歡 환	槃 반	一 일	菩 보

사경의 공덕은 십만억 부처님께 공양한 것과 같은 공덕이 있습니다.

一切界皆令其智皆得令其究竟皆得出離三

一切智智令其究竟之智置其三法

諸眾生得諸佛如來智處究竟之智法

諸何以故一切菩薩摩訶薩成就

此法菩智慧明了入法界門能

淨菩薩不可思議無量諸行

사경의 공덕은 십만억 부처님께 공양한 것과 같은 공덕이 있습니다.

淨 정	羅 라	淨 정	知 지	土 토	能 능	所 소
親 친	尼 니	無 무	故 고	常 상	淨 정	謂 위
近 근	於 어	礙 애	能 능	廻 회	衆 중	能 능
行 행	一 일	辯 변	淨 정	向 향	生 생	淨 정
常 상	切 체	巧 교	無 무	故 고	使 사	諸 제
見 견	法 법	演 연	畏 외	能 능	調 조	智 지
一 일	得 득	說 설	無 무	淨 정	伏 복	求 구
切 체	自 자	故 고	怯 겁	諸 제	故 고	一 일
佛 불	在 재	能 능	弱 약	法 법	能 능	切 체
興 흥	故 고	淨 정	故 고	普 보	淨 정	智 지
世 세	能 능	陀 다	能 능	了 료	刹 찰	故 고

사경의 공덕은 십만억 부처님께 공양한 것과 같은 공덕이 있습니다.

力력	力력	一일	如여	不불	昧매	故고
故고	之지	切체	是시	可가	得득	佛불
諸제	所소	諸제	等등	說설	如여	子자
善선	流류	佛불	三삼	不불	是시	菩보
知지	故고	所소	昧매	可가	等등	薩살
識식	入입	加가	境경	說설	百백	摩마
引인	智지	被피	界계	淸청	千천	訶하
導도	慧혜	故고	得득	淨정	億억	薩살
力력	地지	自자	自자	功공	那나	住주
故고	大대	善선	在재	德덕	由유	此차
摧최	威위	根근	故고	於어	他타	三삼

大方廣佛華嚴經

諸제	昧매		世세	故고	淳순	伏복
佛불	得득	佛불	間간	所소	淨정	一일
何하	十십	子자	無무	種종	力력	切체
者자	種종	菩보	盡진	善선	故고	諸제
爲위	法법	薩살	之지	根근	廣광	魔마
十십	同동	摩마	福복	成성	大대	力력
所소	去거	訶하	無무	就취	誓서	故고
謂위	來래	薩살	對대	力력	願원	同동
得득	今금	住주	力력	故고	欲욕	分분
諸제	一일	此차	故고	超초	樂락	善선
相상	切체	三삼		諸제	力력	根근

사경의 공덕은 십만억 부처님께 공양한 것과 같은 공덕이 있습니다.

能	諸	佛	無	通	淸	好
攝	佛	隨	邊	變	淨	種
持	一	衆	色	化	大	種
不	切	生	身	調	光	莊
忘	衆	業	淸	伏	明	嚴
不	生	現	淨	衆	網	同
失	所	淨	圓	生	同	於
同	有	佛	音	同	於	諸
於	語	國	同	於	諸	佛
諸	言	同	於	諸	佛	能
佛	皆	於	諸	佛	神	放

사경의 공덕은 십만억 부처님께 공양한 것과 같은 공덕이 있습니다.

사경의 공덕은 십만억 부처님께 공양한 것과 같은 공덕이 있습니다.

得득	一일	佛불	如여	薩살		於어
菩보	切체	何하	是시	言언	爾이	諸제
提리	智지	故고	法법	佛불	時시	佛불
者자	何하	不불	同동	子자	普보	
何하	故고	名명	諸제	此차	眼안	
故고	不불	十십	如여	菩보	菩보	
不부	名명	力력	來래	薩살	薩살	
得득	一일	何하	何하	摩마	白백	
名명	切체	故고	故고	訶하	普보	
爲위	法법	不불	不불	薩살	賢현	
普보	中중	名명	名명	得득	菩보	

사경의 공덕은 십만억 부처님께 공양한 것과 같은 공덕이 있습니다.

	不불	行행	何하	故고	見견	眼안
爾이	能능	普보	故고	不불	者자	何하
時시	究구	賢현	不불	名명	何하	故고
普보	竟경	行행	名명	與여	故고	不불
賢현	法법	願원	住주	三삼	不불	名명
菩보	界계	猶유	實실	世세	名명	一일
薩살	捨사	未미	際제	佛불	覺각	切체
告고	菩보	休휴	者자	無무	一일	境경
普보	薩살	息식	何하	二이	切체	中중
眼안	道도	何하	故고	住주	法법	無무
菩보		故고	修수	者자	何하	礙애

사경의 공덕은 십만억 부처님께 공양한 것과 같은 공덕이 있습니다.

種종	修수		捨사	何하	此차	薩살
行행	習습	佛불	菩보	義의	菩보	言언
願원	去거	子자	薩살	故고	薩살	善선
入입	來래	此차	道도	不불	摩마	哉재
智지	今금	菩보		名명	訶하	佛불
境경	世세	薩살		爲위	薩살	子자
界계	一일	摩마		佛불	同동	如여
則즉	切체	訶하		乃내	一일	汝여
名명	菩보	薩살		至지	切체	所소
爲위	薩살	已이		不불	佛불	言언
佛불	種종	能능		能능	以이	若약

사경의 공덕은 십만억 부처님께 공양한 것과 같은 공덕이 있습니다.

一切法 善巧思惟 當止息說
智雖能演說 一切諸法
知一切 能演說 名
普賢行 而無十力
已入則名無十力 皆悉
息說名 菩薩如來 諸十力 皆悉休
於如來所修 菩薩 菩薩行 無有休

大方廣佛華嚴經

界	說	名	觀	二	是	名
계	설	명	관	이	시	명
念	名	菩	察	一	則	菩
염	명	보	찰	일	즉	보
念	普	薩	展	切	說	薩
염	보	살	전	체	설	살
增	眼	已	轉	諸	名	知
증	안	이	전	제	명	지
長	雖	能	增	法	悟	一
장	수	능	증	법	오	일
未	能	明	勝	差	一	切
미	능	명	승	차	일	체
曾	證	見	無	別	切	法
증	증	견	무	별	체	법
休	得	普	有	之	法	無
휴	득	보	유	지	법	무
息	普	眼	休	道	於	有
식	보	안	휴	도	어	유
說	眼	境	息	善	二	二
설	안	경	식	선	이	이
名	境	界	說	巧	不	相
명	경	계	설	교	불	상

사경의 공덕은 십만억 부처님께 공양한 것과 같은 공덕이 있습니다.

與여	不불	切체	佛불	無무	諸제	菩보
佛불	放방	法법	智지	礙애	闇암	薩살
無무	逸일	觀관	慧혜	見견	障장	於어
二이	說설	諸제	之지	者자	名명	一일
說설	名명	如여	眼안	說설	無무	切체
名명	菩보	來래	是시	名명	礙애	法법
與여	薩살	正정	則즉	菩보	見견	悉실
佛불	住주	覺각	說설	薩살	常상	能능
無무	佛불	智지	名명	已이	勤근	明명
二이	所소	眼안	覺각	得득	憶억	照조
住주	住주	而이	一일	諸제	念념	離이

者爲佛攝受修諸智慧說名

菩薩常觀一切世間實際是

則說名常住實際者雖常觀察

諸法實際而不證入亦不捨

離說名菩薩不來不去無同

無異此等分別悉皆永息是

則說名休息願者廣大修習

사경의 공덕은 십만억 부처님께 공양한 것과 같은 공덕이 있습니다.

大方廣佛華嚴經

來相無竟諸者圓
래 상 무 경 제 자 원
際起有法法了滿
제 기 유 법 법 요 만
無大邊界一知不
무 대 변 계 일 지 불
有悲際捨相法退
유 비 제 사 상 법 퇴
疲心而菩無界則
피 심 이 보 무 계 즉
厭度知薩相無名
염 도 지 살 상 무 명
是諸一道是有未
시 제 일 도 시 유 미
則眾切雖則邊息
즉 중 체 수 즉 변 식
說生種知說際普
설 생 종 지 설 제 보
名盡種法名一賢
명 진 종 법 명 일 현
普未異界究切願
보 미 이 계 구 체 원

上覆羅圍住　賢
立其樹悉金佛菩
金上次以脇子薩
幢象第七山譬
金身行寶七如
爲潔列而寶伊
瓔白眞爲窟羅
珞猶金欄中鉢
寶如羅楯其那
網珂網寶窟象
覆雪彌多周王

사경의 공덕은 십만억 부처님께 공양한 것과 같은 공덕이 있습니다.

種 종	利 리	意 의	將 장	良 량	具 구	鼻 비
變 변	天 천	便 편	欲 욕	善 선	足 족	寶 보
現 현	釋 석	於 어	遊 유	順 순	端 단	鈴 령
令 영	主 주	寶 보	行 행	心 심	正 정	垂 수
其 기	之 지	窟 굴	爾 이	無 무	充 충	下 하
身 신	前 전	而 이	時 시	所 소	滿 만	七 칠
有 유	以 이	沒 몰	象 상	逆 역	見 견	支 지
三 삼	神 신	其 기	王 왕	若 약	者 자	成 성
十 십	通 통	形 형	卽 즉	天 천	欣 흔	就 취
三 삼	力 력	至 지	知 지	帝 제	樂 락	六 육
頭 두	種 종	忉 도	其 기	釋 석	調 조	牙 아

사경의 공덕은 십만억 부처님께 공양한 것과 같은 공덕이 있습니다.

帝 제	園 원	乘 승	時 시	蓮 연	牙 아	於 어
釋 석	芬 분	玆 자	俱 구	華 화	化 화	一 일
至 지	陀 다	寶 보	奏 주	一 일	作 작	一 일
華 화	利 리	象 상	百 백	一 일	七 칠	頭 두
園 원	華 화	從 종	千 천	華 화	池 지	化 화
已 이	徧 변	難 난	天 천	中 중	一 일	作 작
從 종	滿 만	勝 승	樂 악	有 유	一 일	七 칠
象 상	其 기	殿 전	是 시	七 칠	池 지	牙 아
而 이	中 중	往 왕	時 시	婇 채	中 중	於 어
下 하	是 시	詣 예	帝 제	女 녀	有 유	一 일
入 입	時 시	華 화	釋 석	一 일	七 칠	一 일

사경의 공덕은 십만억 부처님께 공양한 것과 같은 공덕이 있습니다.

衣의	內내	及급	象상	樂락	以이	於어
服복	歡환	諸제	形형	爾이	爲위	一일
往왕	娛오	婇채	現현	時시	侍시	切체
來래	戲희	女녀	作작	象상	從종	寶보
進진	樂락	於어	天천	王왕	歌가	莊장
止지	所소	芬분	身신	復부	詠영	嚴엄
語어	現현	陀다	與여	以이	妓기	殿전
笑소	身신	利리	三삼	神신	樂악	無무
觀관	相상	華화	十십	通통	受수	量량
瞻첨	光광	園원	三삼	隱은	諸제	婇채
皆개	明명	之지	天천	其기	快쾌	女녀

사경의 공덕은 십만억 부처님께 공양한 것과 같은 공덕이 있습니다.

如	此	似	金	至	養	樂
여	차	사	금	지	양	락
彼	象	佛	脇	於	釋	物
피	상	불	협	어	석	물
天	此	子	山	三	提	受
천	차	자	산	삼	제	수
等	天	彼	七	十	桓	天
등	천	피	칠	십	환	천
無	象	伊	寶	三	因	快
무	상	이	보	삼	인	쾌
有	之	羅	窟	千	化	樂
유	지	라	굴	천	화	락
異	與	鉢	中	之	作	與
이	여	발	중	지	작	여
無	天	那	無	上	種	天
무	천	나	무	상	종	천
能	更	象	所	爲	種	無
능	갱	상	소	위	종	무
分	互	王	變	欲	諸	異
분	호	왕	변	욕	제	이
別	相	於	化	供	可	
별	상	어	화	공	가	

사경의 공덕은 십만억 부처님께 공양한 것과 같은 공덕이 있습니다.

是修習普賢菩薩行願　亦復如諸

佛子菩薩摩訶薩亦復如諸

三昧以爲衆寶莊嚴之具

菩提分爲網　建大法幢　鳴放大光明七

以之爲網　建大法幢　鳴以大光明七

鐘大悲爲窟　堅固大願以爲法

其牙智慧無畏猶如師子法

賢현	度도	斷단	普보	座좌	行행	繪증
道도	脫탈	不불	賢현	成성	願원	繫계
現현	一일	捨사	廣광	一일	彼피	頂정
成성	切체	大대	大대	切체	岸안	開개
最최	苦고	悲비	行행	智지	爲위	示시
正정	惱뇌	精정	願원	得득	欲욕	秘비
覺각	衆중	進진	不불	最최	安안	密밀
現현	生생	盡진	退퇴	正정	處처	到도
不불	不불	未미	不불	覺각	菩보	諸제
可가	捨사	來래	息식	增증	提리	菩보
說설	普보	際제	不부	長장	之지	薩살

사경의 공덕은 십만억 부처님께 공양한 것과 같은 공덕이 있습니다.

不불	世세	化화	不불	不불	不불	不불
可가	界계	門문	可가	可가	可가	可가
說설	而이	於어	說설	說설	說설	說설
不불	現현	不불	廣광	住주	轉전	成성
可가	受수	可가	大대	深심	法법	正정
說설	生생	說설	國국	心심	輪륜	覺각
如여	修수	不불	土토	門문	門문	門문
來래	普보	可가	現현	於어	現현	現현
於어	賢현	說설	涅열	不불	不불	不불
不불	行행	差차	槃반	可가	可가	可가
可가	現현	別별	變변	說설	說설	說설

사경의 공덕은 십만억 부처님께 공양한 것과 같은 공덕이 있습니다.

或 혹	於 어	臾 유	頃 경	菩 보	下 하	說 설
無 무	半 반	頃 경	修 수	薩 살	成 성	不 불
數 수	月 월	或 혹	普 보	衆 중	最 최	可 가
年 년	或 혹	於 어	賢 현	親 친	正 정	說 설
或 혹	於 어	一 일	行 행	近 근	覺 각	廣 광
於 어	一 일	時 시	而 이	圍 위	不 불	大 대
一 일	月 월	或 혹	成 성	遶 요	可 가	國 국
劫 겁	或 혹	於 어	正 정	或 혹	說 설	土 토
如 여	於 어	一 일	覺 각	於 어	不 불	菩 보
是 시	一 일	日 일	或 혹	一 일	可 가	提 리
乃 내	年 년	或 혹	須 수	念 념	說 설	樹 수

사경의 공덕은 십만억 부처님께 공양한 것과 같은 공덕이 있습니다.

大方廣佛華嚴經

智 지	智 지	淨 정	禮 례	刹 찰	行 행	至 지
慧 혜	種 종	修 수	供 공	中 중	而 이	不 불
種 종	種 종	菩 보	養 양	而 이	成 성	可 가
種 종	神 신	薩 살	請 청	爲 위	正 정	說 설
境 경	變 변	無 무	問 문	上 상	覺 각	不 불
界 계	種 종	量 량	觀 관	首 수	復 부	可 가
種 종	種 종	諸 제	察 찰	親 친	於 어	說 설
種 종	威 위	行 행	如 여	近 근	一 일	劫 겁
神 신	德 덕	無 무	幻 환	於 어	切 체	修 수
通 통	種 종	量 량	境 경	佛 불	諸 제	普 보
種 종	種 종	諸 제	界 계	頂 정	佛 불	賢 현

사경의 공덕은 십만억 부처님께 공양한 것과 같은 공덕이 있습니다.

不可說不可說眾生得清淨 神力調伏一切眾生故令 變現何以故欲以普賢 滅以行願力故於一切處自 佛子菩薩摩訶薩本身如是不 種種教化調伏解脫種種法明 種自在種種種解脫種種法明

사경의 공덕은 십만억 부처님께 공양한 것과 같은 공덕이 있습니다.

普 보	一 일	方 방	憶 억	如 여	廣 광	故 고
賢 현	切 체	一 일	念 념	來 래	大 대	令 영
流 류	菩 보	切 체	三 삼	故 고	諸 제	其 기
自 자	薩 살	佛 불	世 세	深 심	世 세	永 영
在 재	諸 제	法 법	諸 제	入 입	界 계	斷 단
能 능	行 행	及 급	佛 불	一 일	故 고	生 생
證 증	使 사	法 법	種 종	切 체	常 상	死 사
一 일	圓 원	身 신	故 고	佛 불	見 견	輪 륜
切 체	滿 만	故 고	憶 억	法 법	一 일	故 고
智 지	故 고	普 보	念 념	流 류	切 체	嚴 엄
故 고	入 입	修 수	十 시	故 고	諸 제	淨 정

사경의 공덕은 십만억 부처님께 공양한 것과 같은 공덕이 있습니다.

承승	天천	王왕	用용	見견	薩살	
事사	所소	不불	一일	一일	不불	佛불
天천	乘승	捨사	切체	切체	捨사	子자
主주	受수	象상	智지	佛불	普보	汝여
與여	天천	身신	法법	證증	賢현	應응
天천	快쾌	往왕	如여	一일	行행	觀관
婇채	樂락	三삼	伊이	切체	不부	此차
女녀	作작	十십	羅라	智지	斷단	菩보
而이	天천	三삼	鉢발	自자	菩보	薩살
作작	遊유	天천	那나	在재	薩살	摩마
歡환	戲희	爲위	象상	受수	道도	詞가

사경의 공덕은 십만억 부처님께 공양한 것과 같은 공덕이 있습니다.

分	土	無	佛	普	菩	娛
분	토	무	불	보	보	오
別	無	障	自	賢	薩	同
별	무	장	자	현	살	동
雖	所	無	在	大	摩	於
수	소	무	재	대	마	어
知	染	礙	具	乘	訶	諸
지	염	애	구	승	하	제
諸	着	成	一	諸	薩	天
제	착	성	일	제	살	천
法	於	就	切	行	亦	無
법	어	취	체	행	역	무
普	佛	清	智	不	復	有
보	불	청	지	불	부	유
皆	法	淨	證	捨	如	差
개	법	정	증	사	여	차
平	中	於	佛	諸	是	別
평	중	어	불	제	시	별
等	無	諸	解	願	不	佛
등	무	제	해	원	불	불
無	所	國	脫	得	捨	子
무	소	국	탈	득	사	자

사경의 공덕은 십만억 부처님께 공양한 것과 같은 공덕이 있습니다.

無무	佛불	大대	訶하	薩살	雖수	有유
礙애	子자	之지	薩살	行행	已이	二이
輪륜	此차	法법	安안	相상	等등	相상
大대	是시	當당	住주	續속	同동	而이
三삼	菩보	知지	如여	不부	三삼	恒항
昧매	薩살	是시	是시	斷단	世세	明명
殊수	摩마	人인	普보	佛불	諸제	見견
勝승	訶하	心심	賢현	子자	佛불	一일
心심	薩살	得득	行행	菩보	而이	切체
廣광	第제	淸청	願원	薩살	修수	佛불
大대	十십	淨정	廣광	摩마	菩보	土토

사경의 공덕은 십만억 부처님께 공양한 것과 같은 공덕이 있습니다.

大方廣佛華嚴經

智佛子此是菩薩摩訶薩所
住普賢行十大三昧輪

사경의 공덕은 십만억 부처님께 공양한 것과 같은 공덕이 있습니다.

發 願 文

귀의 삼보하옵고
거룩하신 부처님께 발원하옵나이다.

주　소 : _____

전　화 : _____　　불명 : _____　　성명 : _____

불기 25 _____ 년 _____ 월 _____ 일